LES TRENTE JOURS

DE LA

REVOLUTION PIÉMONTAISE.

# LES TRENTE JOURS

DE LA

# RÉVOLUTION PIÉMONTAISE,

EN MARS 1821;

PAR UN SAVOYARD, [Rodolphe de MAISTRE]

SPECTATEUR DE TOUS LES ÉVÉNEMENS.

A LYON,

CHEZ RUSAND, LIBRAIRE, IMPRIMEUR DU ROI.

# LES TRENTE JOURS

## DE LA

# RÉVOLUTION PIÉMONTAISE.

### CHAPITRE PREMIER.

Progrès de la Révolution, jusqu'à l'abdication et au départ de S. M. le roi VICTOR-EMMANUEL.

LES plaisirs du carnaval venaient de finir, et le roi Victor-Emmanuel se rendit avec sa famille à son château de Montcallier, pour y jouir en paix du retour de la belle saison. Plusieurs désapprouvèrent cette démarche dans les principes d'agitation qui commençaient à se manifester. Peu de jours auparavant, une voiture, arrivant en poste de Paris, avait été arrêtée par la police. Elle contenait un grand nombre de papiers qui découvrirent l'existence d'une conspiration, et compromirent plusieurs personnes des premières familles du pays; deux entr'autres, M. le marquis de Priez et M. le chevalier de Perron, furent arrêtés le lendemain comme plus impliqués dans cette affaire, et conduits aussitôt dans la forteresse d'Ivrée.

M. le prince de la Cisterne, qui depuis quelque temps était à Paris, où se tramait notre révolution, fut aussi arrêté à Suse à son retour, et renfermé dans les prisons de Fénestrelles.

Les papiers saisis, en indiquant les noms des complices, découvrirent l'étendue de leurs projets. Mais notre Roi, toujours bon et paternel, croyant la conspiration déconcertée par les arrestations précédentes, ne prit en apparence aucune mesure répressive, et la révolte n'en fit qu'accélérer ses pernicieux desseins.

L'on rapporte que le Roi, à qui les papiers furent remis, y trouva une lettre de M.r de la Cisterne à sa sœur, et qu'il dit, en la jetant au feu sans la lire : Dieu me préserve de vouloir pénétrer les secrets d'un frère à sa sœur ; action condamnable dans la circonstance, cette lettre pouvant l'éclairer sur la conspiration ; mais action où l'on retrouve toute la noblesse et l'élévation d'ame, qui caractérisèrent toujours l'auguste maison de Savoie. Qui ne se rappelle à ce trait la scrupuleuse délicatesse de Philibert-Emmanuel qui, assiégeant la ville de Gênes, y fit parvenir les intérêts d'une somme considérable dont les Gênois étaient ses créanciers ? Hélas ! notre bon Roi mesurait les cœurs sur le sien, et ne croyait pas être trahi par ses serviteurs.

Dès long-temps les fauteurs de nos troubles cherchaient à amener les esprits aux changemens qu'ils méditaient (1). L'on parlait publiquement d'une réforme comme devenue nécessaire. Un nouveau code promis inutilement depuis plus d'un an, aidait à fomenter le mécontentement, et la chimère de la réunion de toute l'Italie sous un seul pouvoir, qui en éloignât pour jamais la puissance autrichienne, se présentait par nos agitateurs avec tout l'attrait de la possibilité. L'Italie, disaient-ils, n'attend que notre impulsion pour secouer le joug de l'étranger ; au premier cri de liberté partant du pied des Alpes, toute l'Italie y répondra par des cris unanimes ; mais l'Italie veut un gouvernement libéral, et ne se réunira que sous des bannières constitutionnelles.

Dans toute révolution, il faut un chef qui la dirige, et les yeux s'arrêtèrent sur Charles-Albert, prince de Carignan. Une figure noble, une taille élevée, des manières affables, un goût décidé pour le militaire, concouraient,

---

(1) L'affaire de l'université, arrivée dans le courant de février, fut l'ouvrage des révolutionnaires, et n'était que le prélude des événemens qui se préparaient. Une insolente jeunesse, rebelle à l'Autorité qui employa tous les moyens de la ramener, prouva que des hommes coupables cherchaient à sonder l'esprit du peuple, et à l'accoutumer aux révolutions. Le gouvernement fut contraint d'employer la force contre les rebelles qui, renfermés dans le palais de l'Université, refusaient d'en sortir. Les soldats envoyés contr'eux, assaillis à coups de pierres, ripostèrent à coups de sabres et de bayonnettes. Vingt blessés furent portés à l'hôpital. Le tumulte cessa, mais les esprits s'aigrirent, et la jeunesse se fortifia dans son esprit de rébellion.

avec sa qualité de Prince italien et de Prince héréditaire de la couronne de Sardaigne, à le rendre propre au rôle qu'on lui destinait ; des adresses insidieuses qu'on lui faisait parvenir, le représentaient comme le Restaurateur de la gloire de l'Italie. A Milan les ouvrages nouveaux lui étaient dédiés ; quelques gazettes de Naples célébraient d'avance ses prochains triomphes ; en un mot, l'on fit jouer autour de lui les ressorts les plus déliés de la séduction ; et l'on ne doit pas s'étonner que ce Prince, jeune et confiant, ait cru servir sa patrie en embrassant la cause de ceux qui avoient tout fait pour le mettre à leur tête.

Pour mieux arriver à leurs fins, nos conspirateurs répandaient depuis long-temps dans le public la haine de la puissance autrichienne : des libelles, dévoilant les prétendues vues de son cabinet sur l'Italie, circulaient dans toutes les sociétés ; et jamais l'on ne répéta plus souvent les beaux sonnets des poètes, idolâtres de leur patrie, qui engagent l'Italie à secouer ses chaînes, par le souvenir de son ancienne grandeur.

Enfin, disait-on, le moment était venu d'accomplir le projet qu'avaient rêvé tant de siècles ! L'Autriche inconsidérée faisait avancer ses bataillons sur un sol qui allait les engloutir. Naples venait de donner à son Roi une constitution, et les fiers Napolitains, nettoyant leurs armes rouillées, ressuscitaient, avec leurs noms antiques, leur première valeur. Chaque défilé de leurs frontières devenait des Termopiles ; chaque général un Léonidas, et les Germains fuyant sans combattre, rencontraient des légions d'ennemis, qui n'en laissaient pas un seul porter à leur patrie la nouvelle de ses défaites.

Je n'examinerai pas les probabilités des projets chimériques de nos réformateurs : sans armes, sans guerriers, sans alliés, déclarer la guerre à une puissance qui étalait dans le voisinage une force militaire si redoutable, devenait un dessein ridicule, s'il n'était insensé. Mais, disait-on, le roi de Sardaigne possède une armée aguerrie de quatre-vingts mille hommes, et cette armée n'a qu'à se montrer sur les bords du Tézin, pour y faire éclore des légions de guerriers. Il est vrai que la nation piémontaise fut toujours belliqueuse, et le roi de Sardaigne avait sous ses ordres une belle armée ; mais à peine comptait-il vingt mille hommes sous les armes : le reste, retiré dans ses foyers, selon le système militaire du pays, ne pouvait s'organiser aussitôt. D'ailleurs, comment se flatter que le roi Victor-Emmanuel, d'un génie éclairé, d'une conscience sévère, consentirait à se déclarer l'ennemi d'une puissance de qui il devait tout craindre, et contre laquelle il n'avait aucun grief à opposer ? Inconcevable aveuglement de nos réformateurs, qui ne virent que les chances en leur faveur, sans en peser les probabilités !

Grâces à leurs menées, tout le public s'attendait à une révolution, et le gouvernement seul paraissait l'ignorer. Une des personnes arrêtées, M. le marquis de Priez, avait même osé dire que son arrestation ne rallentirait pas la marche de la révolution.

Tout-à-coup, c'était le 10 mars, des bruits de révolte circulent confusément dans la ville, mais personne ne sait encore où elle vient d'éclater. Le Roi fait renforcer sa garde de Montcallier; toute la journée se passe dans l'anxiété. Enfin l'on apprend, dans la soirée, que des troupes stationnées à Alexandrie s'étant révoltées, se sont renfermées dans la citadelle avec bon nombre de bourgeois, et y ont proclamé la constitution d'Espagne; d'autres troupes, dit-on, ont pris cette direction. L'on se montre clandestinement une adresse aux soldats, signée par le major Sainte-Rose et le capitaine Lisi, qui les invite à se joindre aux révoltés. Les assertions les plus fausses y sont accumulées. Elle assure que l'Autriche doit occuper nos places fortes comme une garantie, et que les vrais serviteurs du Roi doivent se rallier pour lui épargner cet affront (1).

---

(1) Un voyageur arriva bientôt d'Alexandrie, et montrait un passe-port signé : *Ansaldi*, général des troupes fédérées de

Victor-Emmanuel quitta à la hâte le château de Montcallier. S'il eût tardé un seul jour, il risquait d'y être enlevé. Rendu au milieu de son peuple, il donna un démenti formel aux assertions des rebelles, et leur offrit encore le pardon, s'ils rentraient dans le devoir; mais les émissaires des troubles envenimaient le mal, et la voix du Souverain n'était plus écoutée.

Le Roi passa la nuit au milieu de ses ministres assemblés, qui ne savaient lui proposer aucuns remèdes à la circonstance. Le lendemain tout le monde s'attendait à quelque grand événement. En effet, l'on apprit qu'une poignée de soldats, joints à une soixantaine d'étudians, s'étaient ralliés à l'hospice de Saint-Sauveur, à une des portes de Turin, aux cris de *vive la constitution d'Espagne!* C'était un jour de dimanche, et toute la ville s'y dirigea, pour connaître de plus près la cause de ce tumulte.

Le colonel Raymondi se rendit au milieu des factieux, pour les ramener au devoir; mais sa voix fut étouffée par les clameurs des séditieux, et il reçut un coup de pistolet, dont la balle ne fit heureusement qu'effleurer son visage. Le Roi alors envoya contre eux un esca-

---

l'Italie. Cet Ansaldi, lieutenant-colonel du régiment de Savoie, était comblé des bienfaits du Roi qui, cinq jours auparavant, l'avait décoré de la croix de S. Maurice et de S. Lazare, en y attachant une pension de 800 francs. Il fut un des plus ardens révolutionnaires, et se signala par ses fougueuses proclamations.

dron de cavalerie soutenu de quelques fantassins. Ces troupes restèrent en présence, malgré l'impatience des soldats qui ne demandaient qu'à fondre sur les rebelles, et se retirèrent sans charger, d'après les ordres reçus. Si, dans ce commencement d'agitation, le Roi, écoutant moins son cœur que la raison, eût ordonné la charge, nous pouvons croire que ce petit attroupement dissipé aurait maintenu la contenance des troupes fidèles, et rallenti, peut-être même étouffé, l'audace de la rébellion.

Les troupes se rangèrent alors en bataille sur la place du Palais, et attendirent inutilement la présence du Roi, qu'on leur avait annoncée.

La vue du Monarque chéri des troupes qui étaient l'objet de sa prédilection, les aurait électrisées : deux mots de sa bouche auraient excité leur enthousiasme. Trois fois il fut sur le point de monter à cheval, trois fois il fut retenu par les traîtres fauteurs des changemens, qui lui faisaient suspecter la fidélité de ses troupes, et témoignaient artificieusement des craintes pour sa personne, dans ces momens d'agitation.

L'incertitude, le désordre, la trahison régnaient dans le conseil du Roi. Parmi les résolutions toujours combattues qu'il prit dans cette terrible circonstance, il forma le projet de marcher simultanément à la tête des troupes fidèles contre les révoltés d'Alexandrie. Personne n'a douté que cette démarche n'eût porté un coup mortel à la révolution. Les rebelles, stupéfaits de la présence de leur Roi, n'auraient osé le repousser par les armes, et leur conscience reprochant à plusieurs leur forfait, ils auraient tous imploré sa clémence. Ce parti, le seul bon à prendre, fut rejeté comme les autres, et ne servit qu'à faire éclater la générosité de Victor-Emmanuel. Dans le cas où il dut marcher sur Alexandrie, il ordonna de faire des passeports pour l'étranger sous le nom des chefs rebelles, et devait les faire jeter dans la citadelle, afin de faciliter leur évasion. Qu'ils rougissent les malheureux, en apprenant ce trait admirable de la bonté d'un prince contre lequel ils osèrent lever l'étendard de la révolte!

Pendant que la cour indécise ne prenait aucune détermination, les rebelles de Saint Sauveur, fiers comme d'une victoire de la retraite des troupes envoyées pour les effrayer, se grossirent bientôt jusqu'au nombre de six cents, par l'arrivée de nouveaux étudians qui s'étaient tenus à l'écart tant qu'ils avoient entrevu le danger. L'on remarquait parmi eux de jeunes prêtres animant l'esprit des séditieux par leurs déclamations; ils se retirèrent le soir sur la colline de Turin, ralliés sous le drapeau tricolore des Carbonaris, et le lendemain ils allèrent rejoindre leurs *frères* d'Alexandrie, commettant toutes sortes de vexations sur les malheureux habitans des campagnes.

Cette journée du 11 mars fut cruelle pour le cœur de notre bon Roi. Il avait tout fait pour ses troupes, et voyait avec douleur qu'il ne pouvait plus se fier sur leur dévouement. Un officier supérieur, à qui il demandait s'il pouvait compter sur ses soldats, lui répondit: *Sire, ils sont prêts à sacrifier leur vie pour défendre la vôtre; mais je dois vous avouer qu'ils refuseront toujours de se battre contre leurs frères.* Réponse perfide, et qui montre les odieux moyens qu'on employait pour le tromper. Si le Roi, au contraire, se fût adressé aux soldats, tous se seraient écrié avec transport : *Sire, vos ennemis sont les nôtres; nous n'attendons que vos ordres pour les dissiper.* Victor-Emmanuel était aimé du dernier de ses soldats. A chaque revue, il leur faisait distribuer d'abondantes gratifications, et les soldats, entraînés dans la révolte, auraient tous reconnu son autorité, si on avoit laissé parvenir jusqu'à eux sa voix paternelle : c'était sous son nom qu'on les avait presque tous attirés à Alexandrie, et les ames vénales s'étaient laissées corrompre à force d'argent. Les chefs de la révolte avaient reçu de certaines maisons riches de l'étranger des sommes considérables pour se faire de nouveaux partisans, et leurs émissaires, répandus dans la capitale, achetaient la révolte et semaient parmi les troupes le trouble et la désunion.

Nous devons ici rendre hommage au calme et à la tranquillité que montrèrent les habitans de Turin, au milieu de ces déplorables événemens. Le peuple affoulé ne poussa pas un cri séditieux, et désapprouvait même hautement les scènes tumultueuses dont il était le spectateur. Ne désirant pas un meilleur gouvernement que celui de Victor-Emmanuel, il regardait en pitié les agitateurs qui lui vantaient les futurs bienfaits d'une constitution. J'en appelle au témoignage de ceux même qui avaient intérêt de les corrompre. Aussi un français présent à nos troubles, répétait-il à qui voulait l'entendre : *Qu'on ne vienne pas me dire que le peuple fait ici les révolutions.* Mais nos agitateurs continuaient toujours leurs manœuvres, décidés à arracher par la force ce qu'ils ne pouvaient obtenir par la persuasion.

Toute la nuit le Roi ne prit aucun repos, et le lendemain lui préparait une journée plus douloureuse encore. Il étoit environné de gens perfides qui lui persuadaient que le vœu du peuple se déclarait pour la constitution. Mais ce Prince, à qui les sacrifices n'auraient rien coûté pour le bonheur de son peuple, convaincu des funestes effets d'un consentement que rejetaient sa conscience et son honneur, déployait dans ses refus une admirable fermeté.

Etonnés de sa constance, les rebelles, pour la vaincre, répandaient dans la ville les bruits les plus alarmans. Ils annonçaient comme prochaine l'arrivée des révoltés d'Alexandrie, auxquels, disaient-ils, les troupes restées fidèles avaient promis de se joindre. Une secrète terreur s'empara du public. Chacun était dans la crainte des momens qui se préparaient.

Bientôt trois coups de canon se font entendre, et annoncent au peuple une sinistre nouvelle; les boutiques se ferment, la foule se rassemble, on est dans l'attente de quelque grand événement. En même temps l'on se redit que la citadelle de la ville vient de proclamer la constitution d'Espagne, demande la guerre à l'Autriche, et a arboré le drapeau tricolore; que les officiers fidèles en ont été chassés; qu'un lieutenant-colonel d'artillerie, M. Desgeneys, voulant comprimer la révolte, a été assassiné par un sergent. La population s'y porte en foule, et regarde avec effroi une fougueuse soldatesque, plongée dans l'ivresse, qui pousse des cris furieux sur les parapets de la citadelle.

Le prince de Carignan étoit alors auprès du Roi qui le pria de se rendre aux portes de la citadelle, pour sonder les intentions des révoltés : il s'avança à cheval, suivi de quelques écuyers, d'une foule innombrable, et fut salué à son arrivée, par les cris mille fois répétés de *vive la constitution d'Espagne! Guerre à l'Autriche*! Il apprit d'un capitaine d'artillerie, chef des rebelles, que cette concession seule leur ferait remettre la citadelle entre les mains du Roi. Le prince se retirait, lorsqu'un jeune homme, plein d'une coupable hardiesse, et reconnu pour avoir été arrêté la veille par la police, et relâché dans la matinée, lui présenta un drapeau tricolore, fait à la hâte, et eut l'audace de le porter à ses côtés, au milieu du peuple qui affluait de toutes parts. Dis-moi, Prince, sentais-tu couler dans tes veines le sang de Philibert-Emmanuel, lorsque tu laissais avilir la dignité de ta personne par l'insolence d'un factieux? Que n'as-tu saisi cette enseigne de la révolte, et la sacrifiant à ton indignation, fait connaître au peuple qu'un Prince de la maison de Savoie ne souffre pas impunément qu'on l'outrage? Arrivé vers le palais, un piquet de cavalerie débarrassa la place, pour laisser au Prince un libre passage; et, dans la presse, deux personnes perdirent la vie, écrasées sous les pieds des chevaux. Le porteur du drapeau se sauva vers les écuries du palais, où les valets furieux se saisirent de son étendard; et, après l'avoir couvert d'avanies, le mirent en pièces au milieu des risées de la populace.

Cependant quelques jeunes gens parcouraient la ville en poussant d'insolentes clameurs. Un cavalier, envoyé en éclaireur, se vit enveloppé par une troupe de ces factieux; et, cherchant à se faire jour avec son cheval, il reçut par derrière un coup de pistolet qui l'étendit sur la place; action aussi lâche qu'elle est barbare, mais qui porte l'empreinte de l'esprit d'une secte qui, ne pouvant inspirer à ses partisans le vrai courage qui enfante la valeur, les arme de poignards pour en frapper à la dérobée. Tels étoient les héros d'une révolution qui devait bientôt nous priver du meilleur des Rois.

Il avait appris que le régiment de Savoie, faisant partie de la garnison d'Alexandrie, avait résisté à toutes les entreprises de la séduction; il avait rejeté les offres de son colonel Régis, et de son lieutenant-colonel Ansaldi, qui avaient fait des efforts inutiles pour le corrompre, et son cœur ulcéré en avait senti soulager sa douleur. Quel fut son accablement, lorsque le prince de Carignan, à son retour, lui annonça l'obstination des révoltés et les conditions qu'ils se flattaient d'obtenir. Ce bon Roi, qui espérait encore que sa voix paternelle se ferait entendre, adressa à son peuple une proclamation dont voici quelques articles. Elle ne fut pas publiée, et fut même supprimée le jour de son abdication :

« C'est avec une profonde douleur que » nous voyons le précipice où l'obstination » de quelques rebelles entraîne notre mal- » heureuse patrie.

» Nous remettons la défense de notre cause » entre les mains de la Providence, et nous » nous recommandons à la fermeté de nos » sujets fidèles. Mais, engagé par notre cons- » cience et le besoin de notre cœur, nous » faisons savoir qu'une délibération récente » et précise des puissances alliées de Russie, » de Prusse et d'Autriche, a déclaré, que » lesdites puissances n'approuveront jamais » les innovations qui tendraient à bouleverser » les gouvernemens établis en Europe, et » qu'elles réuniront leurs efforts contre de » pareils attentats.

» Ainsi, délibéré à ne permettre aucun » changement, qui occasioneroit une inva- » sion étrangère, et résolu d'éviter par tous » nos moyens l'effusion du sang de nos » sujets, nous donnons ce soulagement à » l'oppression de notre cœur, et faisons savoir » à toute l'Europe que la faute en retom- » berait sur les destructeurs de l'ordre légi- » time, si une autre armée que la nôtre » se montrait au-delà de nos frontières, ou » si jamais (nous ne pouvons y penser » sans horreur), la guerre civile désolait

» ces peuples que nous regardons comme
» une portion de notre famille. »

Turin le 12 Mars 1821.

VICTOR-EMMANUEL.

Quel Roi montra jamais des sentimens plus nobles et plus paternels, mais en même temps plus de constance et de fermeté ! Et c'est ce bon Prince que l'intrigue, la trahison, la cabale s'obstinèrent de persécuter, jusqu'à ce que, rebuté par l'obstination des rebelles, et engagé par l'intime conviction de ses devoirs, il se détermina à nous priver du meilleur des souverains, en signant l'acte de son abdication.

Turin, dans la soirée du 12, présentait l'aspect le plus militaire ; des troupes s'y étoient rendues à marche forcée des parties les plus voisines du royaume ; les places étaient encombrées de soldats ; de nombreuses patrouilles parcouraient la ville, et chaque bataillon répétait avec transport les cris de *Vive le Roi* ! Mais, trompé par les faux rapports des coupables, il croyait n'avoir plus un sujet fidèle. *Qui sait*, disait-il, *si un seul de mes soldats voudrait me suivre, et pourtant je faisais tout pour eux* (1) ?

---

(1) Le Roi, persécuté depuis trois jours par de coupables sollicitations, refusait sans cesse le consentement qu'on voulait

Déjà

Déjà la nuit était venue, et la famille royale restait plongée dans la douleur. Le Roi, en dictant l'acte de son abdication, prit la grande résolution qui déconcerta les menées des réformateurs. Qui de nous n'a versé des larmes, en apprenant les détails de cette nuit cruelle où le meilleur des rois fit à son peuple ses derniers adieux. Depuis deux nuits il n'avait pas goûté le sommeil, et le souvenir des bienfaits qu'il avait versés sur les rebelles, envenimait sa douleur; mais son courage le soutint dans cette terrible épreuve, et il nous prouva qu'il était digne des traits de l'adversité.

Quoiqu'accablé de fatigues, il résolut de partir la nuit même, et signa son abdication en présence des Grands de la couronne. Avant son départ, il désira voir la princesse de Carignan et son enfant : *Princesse*, lui dit-il, *je vous recommande l'héritier* de ce royaume; j'espère *que plus heureux* que moi, il fera un jour *son bonheur*. Les personnes qui l'environnaient, fondaient en larmes, et il leur fit les plus tendres adieux. *J'emporte avec moi*, leur dit-il, *le regret d'avoir travaillé inutile-*

---

lui arracher. M. le marquis de Saint-Marsan, son ministre des affaires étrangères, arrivé nouvellement de Laybach, le fortifia encore dans ses projets, en lui montrant avec force les malheurs qu'une telle concession attirerait sur le royaume.

*ment au bonheur d'un peuple que je chérissais. Je veux partir de nuit ; je ne pourrais supporter la joie de ceux qui me trahissent*, et *peut-être les larmes du petit nombre de ceux qui me restent fidèles.* Traversant la salle de ses gardes du corps, ces serviteurs dévoués, qui depuis trois jours veillaient à sa porte, se jetèrent à ses pieds avec les témoignages de la plus vive affliction. *Sire*, répétaient leurs voix entrecoupées de sanglots, *nous avons tous juré de vous consacrer nos vies ; ordonnez, et nous sommes prêts à repousser vos ennemis.* Le Roi les remercia de leur dévouement, et les recommanda avec instance au prince de Carignan qu'il nomma régent du royaume, en l'absence du duc de Genevois son frère, à qui était dévolue la couronne, par son abdication. On voyait sur le visage de la Reine les traces de la plus vive affliction. L'on assure qu'elle dit au ministre de la police, qui s'approchait d'elle pour lui faire ses adieux : *A quoi donc servait votre police, monsieur ? vous comptiez des millions à l'Etat, et vous avez laissé tramer ces indignes complots.* La Reine dit ensuite à quelques personnes qui voulaient jeter des soupçons sur le prince de Carignan : *Je suis persuadée que ce prince n'a jamais trempé dans aucune conspiration contre nous.*

Le 13 mars, à quatre heures du matin, le

Roi, son auguste épouse, les deux princesses ses filles, montèrent en voiture, et prirent la direction de Nice. Ils étaient suivis de leurs équipages, et avaient pour escorte les chevaux-légers de Savoie, et quelques carabiniers. Deux heures après chacun se disait : *Le Roi est parti !* La tristesse se peignait alors sur les visages, et des larmes coulaient de tous les yeux (1). Ici se termine l'époque de l'ordre et de la justice ; l'anarchie et le scandale vont s'ouvrir une libre carrière.

## CHAPITRE II.

### Régence de Charles-Albert, prince de Carignan.

Charles-Félix, duc de Genevois, à qui appartenait la couronne, se trouvait alors absent des Etats, par une de ces combinaisons que la politique ne sait prévoir, mais que la Providence ménage pour déjouer les projets des humains. Il avait appris que Ferdinand, roi de Naples, père de la princesse son épouse, de-

(1) La malveillance répandit le bruit que Victor-Emmanuel emportait huit millions. Ce bon Prince ne voulait se réserver que la somme annuelle de quatre cent mille francs ; ceux qui l'entouraient, l'engagèrent à la porter jusqu'à un million, et lors de son départ le ministère des finances lui en anticipa un semestre.

vait se rendre de Laybach à Florence, en passant par Modène, et il était parti pour cette dernière ville peu de jours avant l'éclat de la révolution ; le prince de Carignan, par le droit de sa naissance, se trouvait ainsi régent du royaume, et joignait à ce titre la nomination expresse du roi abdicataire.

Le prince accompagna quelque temps la voiture de S. M., et ne la quitta avec larmes, que lorsque la Reine l'avertit du besoin qu'il avait de prendre quelque repos. Mais à peine rentré dans la ville, il fut obligé de recevoir les félicitations d'usage. Bientôt, sollicité par les révolutionnaires, il mit au jour une proclamation, où il annonçait qu'il ferait le lendemain les innovations *désirées par le peuple.* Mais ce prince tenait à peine les rênes de l'Etat, qu'il voyait la difficulté de le diriger, et sentait le fardeau de la royauté avant d'en connaître aucun avantage.

Les ministres avaient donné leur démission, et son peu d'expérience pouvait facilement l'égarer. Il aurait voulu donner la constitution de France ; c'était le désir de tous ceux qui avaient amené la révolution, qui, la plupart, membres des premières familles de l'Etat, désiraient parvenir à la pairie héréditaire, et sacrifiaient ainsi la tranquillité publique à leur élévation. Le Prince, d'ailleurs, respectait trop son autorité, pour l'avilir en proclamant la constitution d'Espagne ; mais la citadelle n'en voulait pas d'autre, et menaçait, en cas de refus, de bombarder la ville. Des jeunes gens qui s'y étaient renfermés, en sortirent à quatre heures du soir avec un drapeau tricolore, et ramassant sur leur passage une foule d'étrangers, introduits la veille à dessein, ils se rassemblèrent sous le palais Carignan, en poussant les cris les plus séditieux. Les uns étaient armés de poignards, d'autres de couteaux et de pistolets; ils menaçaient la garde qui voulait les repousser, et demandaient à cris redoublés la constitution d'Espagne, avant la fin de la journée. Le prince tardant à leur obéir, quelques-uns se détachèrent de l'attroupement, se rendirent à l'hôtel-de-ville, et déclarèrent aux décurions, que si dans deux heures le Prince n'avait pas satisfait leurs désirs, la ville serait bombardée.

Une députation partit alors de l'hôtel-de-ville, pour avertir le prince du danger, tandis que les cris devenaient plus impérieux autour de son palais. Un médecin, nommé Crivelli, connu depuis long-temps par son ultra-libéralisme, eut l'audace de pénétrer, par une porte secrète, jusque dans le cabinet du Prince, pour lui demander, au nom du peuple, la constitution d'Espagne.

Enfin, à neuf heures du soir, le Prince, épouvanté des menaces des séditieux, parut sur son balcon, et promit, en tremblant, la constitution qu'on lui demandait. L'on remarquait, à ses côtés, les mêmes personnes que le gouvernement avait fait précédemment arrêter. La foule se répandit alors dans les rues, et força à coups de pierres les habitans paisibles à illuminer leurs fenêtres. Le désordre se prolongea bien avant dans la nuit.

Qui n'a pas observé le contraste de ce passage subit de l'ordre à l'anarchie? La veille, le public conservait une contenance calme et paisible; la verge de l'autorité rompue, la confusion se montre de toutes parts, et les menaces de quelques centaines de factieux, forcent le prince régent à recevoir une constitution que tout homme impartial regarde comme destructive de l'harmonie sociale. Mais, tandis que les personnes sages gémissaient sur les malheurs prochains de la patrie, les factieux s'applaudissaient de leur triomphe, et en prenaient une nouvelle audace.

A peine le Prince avait-il accordé par force le fatal consentement, qu'il réunit autour de lui les personnes les plus distinguées de l'Etat et du corps de ville, et leur fit signer une déclaration par laquelle ils reconnaissaient la nécessité où il s'était vu de céder à l'impulsion des factieux, pour épargner quelque grand désastre. Cette déclaration, signée également par le Prince, fut consignée dans les archives du palais, et une copie en fut aussitôt expédiée à Modène au duc de Genevois. (I)

Tel fut le résultat des complots que l'ambition de quelques personnes combinait depuis plus de deux ans. Pour favoriser leur élévation, ils troublèrent la tranquillité de leur patrie, lui enlevèrent le meilleur des rois, le gouvernement le plus paternel, et virent, dans l'espace de quelques heures, leurs projets déjoués par une secte dont ils avaient voulu se servir, mais qui, plus habile, avait su profiter pour elle seule de l'avantage des circonstances. Ils se retirèrent presque tous, abandonnant le Prince dans la position critique où ils l'avaient amené; quelques-uns seulement continuèrent à servir une cause qu'ils détestaient dans leurs cœurs (1). Ils rejetèrent les leçons de l'expérience, et apprirent, à leurs dépens, qu'après avoir rompu le frein de l'obéissance, il n'est pas facile de fixer les limites d'une révolution.

Le prince régent, en attendant la réponse du duc de Genevois sur les changemens qui venaient de s'opérer, se vit forcé d'établir un système de gouvernement conforme à la cons-

(1) Sainte-Rose, qui fut depuis ministre de la guerre, avait répété souvent que, si une constitution était nécessaire au Piémont, celle d'Espagne en ferait le malheur. Lorsqu'il apprit l'abdication du Roi, et la promulgation de la constitution de Cadix, il entra dans un tel désespoir, qu'on craignit qu'il n'attentât à sa vie.

titution qu'il avait acceptée ; il nomma donc une junte provisoire qui, jusqu'à la formation du parlement national, devait partager avec lui les soins de l'administration : plusieurs refusèrent un pareil emploi. Personne n'accepta le portefeuille des affaires étrangères, et le ministère de la guerre vit quatre ministres en huit jours (1).

Le premier soin de la junte, dont le président, M. le chanoine Marentini, était connu depuis long-temps par l'exaltation de ses sentimens, fut d'examiner la constitution qui devait désormais régler nos destinées. Personne n'avait encore feuilleté ce code révolutionnaire ; on savait qu'il reconnaissait la souveraineté du peuple, et rendait le Roi esclave de ses sujets ; motifs suffisans pour le désirer. La junte remarqua avec étonnement, que, d'après la constitution, la couronne appartenait à la duchesse de Modène, fille aînée du Roi abdicataire. En effet, la constitution d'Espagne ne reconnaît pas la loi salique, loi fondamentale du royaume ; et le premier ouvrage de la junte, fut l'abolition de cet article. (II) Mais le prince, confirmé dans ses droits à la succession, voyait avec douleur l'indiscipline des troupes.

Depuis le départ du Roi, l'insubordination s'était manifestée parmi les soldats : *Plus de*

(1) MM. de Saluces, Bussolino, Villa-Marina et Sainte-Roso.

*roi !* s'écriaient-ils, *plus de soldats !* et ils désertaient avec armes et bagages, malgré les efforts et la vigilance de leurs officiers. Ceux des soldats qui restèrent dans les rangs, rejetèrent avec indignation le drapeau tricolore qu'on leur présenta. *Nous ne voulons*, dirent-ils, *que notre drapeau bleu ; nous n'en aurons point d'autres ;* et, pour apaiser la sédition qui commençait à éclater, leurs chefs furent obligés de le leur rendre. Bientôt un ordre du Prince régent défendit aux habitans de porter les trois couleurs, et la citadelle, après quelque résistance, rétablit le drapeau bleu. Ainsi finit ce fameux étendard tricolore, sous lequel devaient se rallier nos phalanges victorieuses, et qui ne laissa après lui qu'un triste souvenir de son existence éphémère.

Au milieu des troubles de la patrie, la renommée piémontaise avait traversé les rives du Tésin, et la Lombardie, jalouse de nos *triomphes*, brûlait de les partager. Bientôt ses prétendus députés arrivèrent dans notre capitale, et offrirent au Prince régent, au nom de leurs compatriotes, de l'argent en abondance, et un million pour le premier régiment qui franchirait la frontière. Selon eux, toute l'Italie septentrionale était dégarnie de soldats ; les bataillons n'avaient qu'à paraître, et la Lombardie, les états vénitiens, les états de Parme et de Modène, étaient prêts à les seconder. Le Prince répondit : *Je ne suis pas le souverain de ce pays ; le duc de Genevois seul en est le maître, et je ne puis accepter vos offres sans son consentement. Vous n'êtes pas, d'ailleurs, revêtus d'un caractère public, et je ne puis reconnaître votre mission.* Les Milanais se retirèrent fort mécontens du Prince, et publièrent qu'il était loin d'avoir les qualités nécessaires à cette grande entreprise.

C'est à cette occasion qu'on afficha dans les rues de Milan cet ordre du jour : *Le gouvernement civil a cessé, vous êtes sous le gouvernement militaire. Le premier séditieux qui se montrera, sera arrêté et fusillé sur-le-champ.*

BUBNA.

Personne ne se souleva, quoiqu'il y eût à peine deux mille hommes de garnison dans la ville.

Une mesure énergique, prise à propos, déconcerte ainsi les menées séditieuses. Si le général autrichien eût montré de la peur ou de la faiblesse, une secousse révolutionnaire aurait pu se faire ressentir en Italie : la force du gouvernement, dans des crises semblables, dépend de la vigueur qu'il déploie, et si Victor Emmanuel eût montré plus de sévérité, le Piémont aurait eu moins de coupables.

Turin se remplissait chaque jour d'étrangers

qui venaient se réjouir avec nos révolutionnaires du succès de leurs opérations. Les habitans ne sortaient plus de leurs maisons, ou se retiraient à la campagne pour y chercher la tranquillité. Les affaires languissaient, le commerce était anéanti, le désordre faisait sentir partout sa funeste influence; et l'audace des factieux croissait avec leur nombre. Tous les jours ils se rassemblaient sur la place Carignan, et osaient même porter populairement au prince leurs adresses séditieuses.

M.r de Binder, ministre d'Autriche à la cour de Sardaigne, était l'objet particulier de leur haine. C'était lui, disaient-ils, qui corrompait nos troupes et payait leur désertion. La malveillance répandait sur son compte les bruits les plus absurdes, mais elle arrivait à son but, celui d'exciter l'animadversion du peuple envers le ministre d'une puissance contre laquelle, en partie, s'étoit faite la révolution. Ils rassemblèrent un soir une centaine de leurs plus turbulens sectaires, tous gens de mauvaise mine et sans aveu; et, se rendant sur la place Carignan, lieu ordinaire de leurs tumultueuses conférences, ils conclurent à l'unanimité, que dans la nuit même M.r de Binder devait quitter la ville. Le prince régent qui prévoyait le danger, l'en fit avertir, et lui offrit une garde pour sa sûreté. M. de Binder la refusa; mais, à l'entrée de la nuit, une troupe de factieux assiégea sa porte, en lui intimant énergiquement l'ordre de partir. Cette scène scandaleuse se renouvela trois fois, et le lendemain matin à cinq heures, le ministre regagna la frontière. Ainsi nos progrès dans l'art des révolutions étaient si rapides, que, méconnaissant le droit des gens et la civilisation, nous perdions tout égard pour ceux même dont les personnes sont inviolables auprès de toutes les nations.

Cependant le régent apercevait l'abîme où il allait se précipiter. Il voyait que le nouveau gouvernement abandonnait les traces de la justice et de l'honneur, et il détestait le moment qui l'avait porté au timon des affaires. Il voulait s'éloigner, mais il était gardé à vue par les premiers agens de la révolution, qui sentaient que le départ du prince leur enlèverait tout espoir. Il fit partir d'abord son épouse et son enfant; et, sous prétexte de les mener à une de ses campagnes, il les fit conduire à Nice auprès du Roi abdicataire Victor Emmanuel.

Depuis deux jours il avait reçu une proclamation de Charles-Félix, Duc de Genevois, qui l'avait atterré. Ce prince qui avait montré jusqu'alors une grande indifférence pour les affaires, déployait tout à coup un caractère vraiment royal (1); il prenait l'autorité de Roi,

---

(1) Quelqu'un voulant l'engager à traiter avec les rebelles, il lui répondit : *Je donne des ordres et ne veux point de conseils.*

mais en refusait le titre, avant de savoir si la force n'avait pas influencé l'abdication de son frère. Il ne voulait reconnaître aucun des actes du gouvernement constitutionnel; traitait de rebelles ceux qui le protégeaient, et ordonnait que tout rentrât dans l'ordre existant avant le départ de Victor Emmanuel. (III)

Le prince régent ne pouvait hésiter après des ordres aussi précis. Il devenait rebelle en restant à la tête du gouvernement; il épia donc le moment favorable : sans déclarer son dessein, il fit acheminer quatre batteries d'artillerie vers la ville de Novare. Il partit lui-même dans la nuit du 20 mars, emmenant à sa suite le régiment des chevaux-légers de Savoie, et celui des dragons de Piémont, qui n'avaient jamais pris part à la révolte.

Parcourons actuellement les provinces pour y suivre les effets de la révolution. Partout le peuple stupéfait montrait la plus grande indifférence pour cette constitution dont il entendait parler pour la première fois. Il avait peine à se persuader qu'il existât un meilleur gouvernement que celui de son bon Roi Victor Emmanuel. Dans la seule ville d'Ivrée, l'on afficha des proclamations injurieuses au gouvernement.

Il est à remarquer que nulle part on ne proféra une seule invective contre le Roi. Les plus factieux eux-mêmes convenaient qu'il était sans reproche. Leur projet n'avait jamais été de l'éloigner, et nous fûmes témoins de leur consternation le jour de son départ. Quel beau triomphe pour ce prince de n'avoir pas trouvé un accusateur parmi les rebelles, et d'avoir même été suivi de leurs regrets. C'était sur la Reine seule que retombaient les accusations. On lui reprochait d'être d'intelligence avec le ministre des finances pour dépouiller les caisses. Calomnie atroce, mais qui servait les desseins des conspirateurs.

A Gênes, les changemens se firent sans désordres. Mais le gouvernement ayant fait afficher une proclamation du Duc de Genevois, la populace, soutenue des étudians, y substitua les actes de la Junte de Turin; ensuite elle assiégea le palais du gouverneur, M.r Desgeneys, frère du malheureux Lieutenant-Colonel, assassiné dans la citadelle de Turin. Il aurait été victime de sa fidélité, si quelques zélés serviteurs du Roi n'avaient protégé sa retraite. Il y avait peu de jours que la ville de Gênes lui avait décerné une épée, dont la poignée était d'or, et une statue, par reconnaissance de la sagesse de son administration.

La constitution fut aussi publiée à Nice; mais la tranquillité n'y fut pas troublée. Heureuse d'avoir été choisie par Victor Emmanuel pour le lieu de sa retraite, elle voulait célébrer par des fêtes le jour de son entrée. Ce bon prince les prévint en arrivant de nuit, mais il trouva sur son passage un peuple immense qui le comblait de bénédictions, faible soulagement pour son cœur paternel à qui l'ingratitude et la trahison venaient de faire une profonde blessure.

Pendant que les révolutionnaires cherchaient à soustraire les peuples à l'autorité légitime, la Savoie ne démentait point son antique fidélité. Après avoir accompagné de ses regrets le départ de Victor Emmanuel, elle reconnut le pouvoir du Régent, et publia la constitution sous l'approbation du nouveau Roi. Le gouverneur, M. Dandezeno, n'eut pas plutôt réclamé son obéissance, et fait connaître au peuple les intentions du Souverain, qu'elle embrassa avec transport une cause qu'elle n'avait jamais oubliée. Le sénat de Savoie, qui de tout temps donna des preuves de sa fidélité, ne la démentit pas dans cette circonstance; il adressa un manifeste aux différens juges des provinces, par lequel il les invitait à conserver cette attitude ferme qui convient aux administrateurs de la justice, et à éloigner du peuple, par tout leur pouvoir, les séducteurs qui voudraient le corrompre. (IV)

Bientôt le régiment de Savoie quitta la ville de Turin, où l'on entreprit vainement de nouveau de l'attacher au parti rebelle; et, abandonnant le Piémont, sous les ordres de son major, M. de la Fléchères, il fut reçu dans sa patrie aux acclamations de tout le peuple. De nouveaux bataillons furent organisés ; des munitions furent préparées, et toute la Savoie se tint prête à faire une guerre légitime aux ennemis de la royauté.

Il est juste de célébrer, à la fin de ce chapitre, la fidélité des principaux officiers de l'armée qui abandonnèrent leurs soldats égarés, attendant l'occasion de prouver au Roi leur dévouement. L'armée révolutionnaire ne compta que trois colonels : les places vacantes furent remplies par des officiers de nouvelle création, qui avaient vendu leur fidélité à leur avancement. L'on cite plusieurs traits de courage des serviteurs du Roi. M. de Sambuis, colonel des dragons de la Reine, apprend que M. Carail de Saint-Marsan veut corrompre ses soldats. Il part aussitôt, le rejoint en route, et le menace de le tuer, s'il ne retourne sur ses pas ; le suborneur n'eut pour lui que la honte de son entreprise. M. le lieutenant-colonel Pigner se vit entouré de soldats rebelles qui menaçaient de le massacrer : *Ma vie est à votre disposition*, leur dit ce brave officier, *mais mon honneur est à moi;* puis, découvrant sa poitrine : *Frappez*, leur dit-il, *si vous êtes assez lâches*. Son courage radoucit la fureur des révolutionnaires.

CHAPITRE III.

## CHAPITRE III.

### Armée de Novare, et fin de la Révolution.

Charles-Félix, duc de Genevois, apprenant qu'il lui restait un grand nombre de sujets fidèles qui n'attendaient que ses ordres pour se rallier, jeta les yeux sur M. de Latour, général savoyard, et gouverneur de la ville de Novare. Sa fidélité n'était pas douteuse, et la capacité dont il avait fait preuve, tant au service d'Angleterre, où il avait mérité le titre de général, que dans la guerre de 1815, où il commandait en chef les troupes du roi de Sardaigne, était un heureux augure de ses prochains succès. Le Duc lui témoigna la plus flatteuse confiance, en le nommant son lieutenant-général, et Latour prouva bientôt qu'il était digne d'une pareille distinction. Le régiment de Coni, en garnison à Novare, fut prompt à se soumettre à l'autorité royale. Le prince de Carignan ne tarda pas à le rejoindre à la tête des troupes qui l'accompagnaient, et l'armée de Novare comptait déjà cinq mille hommes.

Admirons ici la généreuse résolution de ce Prince, qui, sans redouter les injures dont le parti allait l'accabler, l'abandonne dès qu'il entend les ordres de son Souverain. Son cœur qui n'était pas fait à la trahison, ne peut résister à la voix de l'honneur; heureux d'avoir préféré le titre de sujet fidèle, à celui de chef de la rébellion. Un officier qui le vit à Novare, lui demanda de ses nouvelles: *Je me trouve beaucoup mieux qu'à Turin*, lui répondit le Prince. Son séjour à Novare fut de courte durée. Il congédia, par ordre du Duc, tous ses écuyers et ses aides-de-camp, et partit pour Modène, où il lui porta l'hommage de fidélité; il se faisait appeler le comte de Barges, et était accompagné du chevalier Sylvain de Costaz, qui se fit admirer par son dévouement au Prince, et sa fidélité aux bons principes. L'on assure que le Duc de Genevois, irrité, refusa de le recevoir; et le Prince, sans s'arrêter, partit pour Florence, où le grand Duc son beau-père le comble chaque jour de caresses et d'amitié.

Son départ déconcerta les projets des rebelles, mais leur espoir n'en fut point abattu; ingénieux à se tromper, les fables les plus absurdes étaient un appât pour leur crédulité. Tantôt la France leur préparait un puissant secours; tantôt les Napolitains avaient remporté une éclatante victoire; tantôt une révolution constitutionnelle venait d'éclater à Vienne ou à Berlin: les nouvelles les moins probables étaient les plus accréditées; tout événement devenait possible dès qu'ils l'avaient désiré (1).

Sainte-Rose, ministre de la guerre, pour exciter l'enthousiasme révolutionnaire, osa dire dans une de ses proclamations: *La France soulève sa tête humiliée sous le joug de l'Autriche, et vous prépare un puissant secours.* M. le marquis de la Tour-du-Pin, ambassadeur de France à Turin, se rendit aussitôt auprès de la junte, où il protesta hautement contre cet article, et fit assurer à Novare à M.r le général de Latour, que l'erreur ou la méchanceté seules avaient pu le dicter. Bientôt l'on apprit à Turin que Louis XVIII avait fait offrir à M.r d'Andezeno, gouverneur de la Savoie, de l'argent, des troupes, et cinq mille fusils à prendre au fort Barreau, et Sainte Rose dut voir qu'il avait au moins aventuré sa promesse.

Depuis le départ du Prince, les révolutionnaires s'abandonnaient à toutes sortes d'excès. La nuit du 23 mars, ils forcèrent les portes de la Générale, maison de réclusion, et lâchèrent les femmes qui y étaient détenues, au nombre de deux cent cinquante. Soixante d'elles furent conduites dans la citadelle,

(1) L'on demandait à l'un de nos prétendus libéraux, pourquoi il croyait si fermement à une révolution qu'il avait annoncée dans quelques provinces de la France. *Je la crois*, répondit-il, *parce que je la désire.*

pour les plaisirs de ses défenseurs, qui oubliaient dans la débauche les périls qui les menaçaient ; les autres trainèrent dans les rues de la ville leur honteuse existence, et plusieurs retournèrent volontairement dans le lieu de leur détention : ils voulurent ensuite délivrer les prisonniers publics, afin de leur faire part des bienfaits de la liberté; mais la junte provisoire déconcerta heureusement cette coupable entreprise. Le front hideux du jacobinisme se découvrait partout sous un masque libéral; et combien d'honnêtes personnes rougirent de voir à quelle espèce de gens l'opinion les associait. Peu de temps après, l'on tenta pendant la nuit d'enlever les caisses des finances. Les carabiniers qui faisaient sans cesse de nombreuses patrouilles accourant au bruit, les malveillans prirent la fuite, et publièrent le lendemain que les carabiniers eux-mêmes avaient voulu piller le trésor. Ils désiraient exciter l'indignation publique contre ce corps fidèle au Roi, que la ville de Turin doit couvrir de sa reconnaissance.

Le Piémont avait alors deux juntes, celle de Turin, et celle d'Alexandrie qui refusait de reconnaître la suprématie de la première; la ville de Gênes avait aussi sa junte; celle de Turin diminuait les impôts pour s'attirer la faveur populaire, et établissait dans chaque province les chefs politiques de la constitution d'Espagne. Comme la tranquillité publique exigeait un gouvernement, et que la junte était obligée de se conformer à celui que la force venait d'établir, elle ne méritait pas en cela les reproches du gouvernement légitime; mais elle élevait ordinairement à cet emploi les gens reconnus par leurs sentimens révolutionnaires, et nommait ces mêmes chefs politiques dans les provinces restées fidèles, en y faisant parvenir ses ordres par des voies détournées. L'on accuse même la junte d'un de ces actes arbitraires par lesquels nos Rois annullent la décision d'un tribunal suprême; ainsi, nos révolutionnaires s'attribuaient déjà les prérogatives qui sont, selon eux, les attributs de la tyrannie.

Une jeunesse turbulente, égarée par ceux mêmes qui auraient dû la contenir, vendait ses livres pour acheter des armes; ils se donnaient les noms pompeux de fédérés de Saint-Sauveur, de chevaliers de la mort; mais leur bravoure vint bientôt échouer contre les rigueurs du service. Quelques échappés de l'université de Pavie, qui abandonnaient leur patrie pour y rentrer en vainqueurs, furent pour la révolution d'un faible secours. Tel est cependant l'empire qu'exercent les passions sur une ame exaltée, que les rebelles se flattaient toujours de voir triompher leur cause, et annonçaient que les troupes de Novare n'attendaient que leur présence pour se joindre à leurs bataillons (1).

Pendant que l'on assurait à Turin que les troupes de Novare s'étaient révoltées contre Latour, et l'avait fusillé, ce général organisait l'armée royale; de nombreux serviteurs du Roi s'y rendaient de toutes les provinces. Les gardes-du-corps étaient venus lui offrir leurs services comme de simples militaires. Ils avaient à leur tête un de leurs capitaines, M.[r] de Sonnaz, qui montrait, à l'âge de soixante-dix-huit ans, toute la vigueur du premier âge. *Je viens mourir pour la cause de mon Roi*, dit-il à la Tour en l'abordant; *nous voulons tous servir comme le dernier des soldats, et demandons les commissions les plus périlleuses* (2).

(1) Un secours prochain de la France était toujours la chimère dont on amusait la crédulité du peuple. Sainte-Rose, ministre de la guerre, fit revêtir quelques militaires d'uniformes françaises, et les fit traverser la ville de Pignerole, en répandant le bruit que c'était un détachement de l'avant-garde. Sainte-Rose, homme d'esprit d'ailleurs, était plus possédé que tout autre de la folie d'une monarchie italienne. L'on raconte que chaque jour, nouvel Amilcar, il faisait jurer à son fils, âgé de dix ans, haine aux dominateurs de l'Italie.

(2) La Sentinelle subalpine, nouveau journal du médecin Crivelli, leur avait adressé quelques jours auparavant ces paroles patriotiques : « Si toutes les légions piémontaises sont
» bien résolues de contribuer à chasser les *barbares* de l'Italie,
» si toute la population désire se trouver au champ d'honneur,
» pourquoi votre honorable régiment, ô gardes-du-corps, ne
» s'empresserait-il pas de se jeter dans cette glorieuse arène?
» Voici le moment où la patrie réclame votre bras, et vous
» refuseriez de le lui prêter! »

Les factieux avaient employé tant d'activité, que la province de Novare était le seul point du Piémont où le Roi conserva son autorité : mais il y comptait des sujets dévoués, résolus de tout affronter pour son service. Cependant quelques traîtres circulaient dans l'armée; des officiers parjures corrompaient les soldats et accréditaient l'opinion que les troupes de Novare refuseraient de se battre. Les proclamations des rebelles qu'ils avaient soin de répandre venaient encore gâter l'esprit des troupes, qui n'était soutenu que par le zèle et la vigilance des serviteurs du Roi.

Ils eurent bientôt connaissance d'une nouvelle proclamation de Charles-Félix, rédigée dans le même sens que la première, mais plus terrible encore pour les rebelles. Jamais Prince ne se servit d'un langage plus noble et plus digne d'un Souverain ; et les royalistes, pleins de confiance dans ses promesses, se sentirent animés d'une nouvelle ardeur (V.).

La prise de Naples, et la dissolution de son armée, fortifia leur courage. C'était sur sa valeur qu'était fondé l'espoir de nos rebelles ; et cette guerre, aussitôt terminée qu'entreprise, devait leur ouvrir les yeux sur leur prochaine défaite : mais ils refusaient toute croyance aux nouvelles les plus authentiques, et publiaient encore les victoires des Napolitains qui, las de frapper avec leurs armes, avaient eu recours à leurs poignards, pour exterminer des milliers d'ennemis. En vain l'empereur de Russie leur déclara par son ambassadeur qu'il prenoit sous sa protection la maison de Savoie; ils furent sourds à ses remontrances et à ses menaces, et continuèrent leurs préparatifs.

De nombreux ouvriers mettaient les citadelles de Turin et d'Alexandrie dans le meilleur état de défense; et l'aveuglement des rebelles croissait à mesure qu'ils auraient dû perdre tout espoir. C'est alors qu'arriva à Turin un événement déplorable, où périrent les premières victimes de la constitution.

Le corps des carabiniers, qui remplace dans notre pays la gendarmerie française, avait conservé, dès le commencement des troubles, la plus noble contenance. Quoique fermes dans le parti du Roi, ils faisaient toujours le service du royaume; et la ville de Turin leur dut sa tranquillité pendant les jours de l'anarchie. Les chefs rebelles, indignés de leur résistance, résolurent d'avoir par force ce qu'ils ne pouvaient obtenir par persuasion. Le régiment d'Alexandrie était depuis peu arrivé à Turin (1). Il fut

---

(1) Ce régiment avait été renvoyé de la Savoie par le gouverneur qui connaissait son esprit révolutionnaire. Dans la route, les officiers rebelles s'assurèrent de leur colonel, M. Righini, par le moyen du lieutenant Laneri, seul officier de carabiniers qui ait trahi son devoir, et l'emmenèrent jusqu'à Turin, où Sainte-Rose, qui ne voulait sévir contre personne, le fit relâcher.

arrêté que ce régiment, soutenu de deux canons, irait attaquer le quartier des carabiniers; et l'on espérait ainsi les forcer à se rendre, ou exciter parmi eux quelque soulèvement.

Déjà les troupes étaient prêtes sur la place du palais, et les carabiniers instruits du complot et sentant l'impossibilité de résister, résolurent spontanément de quitter la ville, et de se replier sur Novare. A huit heures du soir, toute la station de Turin, au nombre de cinq cents hommes, défilait tranquillement hors de la ville, lorsque la dernière compagnie se révolta contre ses officiers, refusa de marcher, et retourna bride abattue aux cris de *vive la constitution!* du côté de la place où les troupes étaient rangées en bataille. Les soldats n'entendant que leurs cris confus, s'imaginèrent qu'ils venaient les attaquer, firent feu sur eux, en tuèrent quelques-uns, en blessèrent d'autres, et plusieurs spectateurs reçurent malheureusement la mort: l'on compta vingt-deux victimes, entr'autres une nourrice qui tenait à la fenêtre un enfant dans ses bras, et fut atteinte dans le sein d'un coup mortel.

Cette nouvelle affligea sensiblement le général de Latour. L'arrivée du régiment d'Alexandrie déconcertait une intelligence qu'il avait ménagée dans la citadelle de Turin : si l'intelligence eût réussi, il était le maître de la ville, et les habitans l'auraient reçu comme un libérateur.

Deux jours après, les rebelles désirant traiter avec lui, il établit les conférences à Verceil, et s'y rendit le 4 avril, à la tête de presque toutes ses troupes. Mais les rebelles, loin d'accepter le pardon qui leur était offert, voulaient dicter des conditions, et consentaient à laisser aux officiers du Roi leurs grades, pourvu qu'ils reconnussent la constitution. Etrange aveuglement des factieux, qui suppose, de leur part, une grande confiance dans leurs forces ou dans leurs moyens de séduction!

Latour, affligé de leur obstination, revint le lendemain à Novare, et laissa à Verceil un fort détachement sous les ordres du général de Faverges (1). Les rebelles s'y présentèrent bientôt avec des forces supérieures, et les troupes royalistes se retirèrent sous le canon de Novare.

Les rebelles, pleins d'audace, persuadés que les généraux du Roi redoutaient leur approche, résolurent de s'avancer jusques sous les retranchemens de la ville. L'entreprise était hasar-

(1) Lorsque la guerre fut déclarée aux Napolitains, le général de Faverges avait été nommé commissaire du Roi à l'armée autrichienne. A son retour, après la prise de Naples, il trouva le régiment de piémont, dont il était colonel, dans un grand désordre. Il fit d'abord fusiller deux soldats, reconnus suborneurs; et rassemblant les officiers et sous-officiers, il leur dit: *Messieurs, que ceux qui veulent servir le Roi le jurent avec moi, et signent l'acte que je leur présente, que les autres s'éloignent de mon régiment.* Cinq officiers et dix sous-officiers se retirèrent alors à Alexandrie, et le régiment resta depuis constamment fidèle.

dée; ils avaient, il est vrai, sept à huit mille hommes, mais les fortifications de Novare avaient été relevées; les fossés étaient pleins d'eau; trois mille hommes défendaient la place, quatre mille campaient à ses portes, et les insensés ne voulaient pas croire que l'Autriche, victorieuse de Naples, avait promis au Duc de Genevois les secours qu'il réclamerait.

Latour, pour les éloigner, les avait menacés de l'entrée des Allemands; il leur envoya même à l'appui une lettre du général de Bubna, qu'ils traitèrent de supposée. Voulant donc terminer d'un seul coup l'état de crise que l'obstination des rebelles irritait chaque jour, il manda à Bubna sa position, et réclama de lui quelques renforts. Bubna dirigea le jour même dix mille hommes sur Alexandrie, et envoya au général de Latour trois mille hommes, qui arrivèrent dans la nuit du 7 avril aux portes de Novare.

Le 8, l'aurore, en se levant, montra les rebelles s'avançant sans ordre dans la plaine. Ils poussaient, comme de coutume, leurs cris séditieux. Les cris de *Vive le Roi!* y répondaient de tous les rangs de l'armée royale. Quelques hussards autrichiens entamèrent de légères escarmouches; quelques coups de fusils furent tirés de part et d'autre, et l'ardeur des rebelles était déjà rallentie; mais deux coups de canon partis de la ville furent mortels à la révolution.

Ils sèment le désordre parmi les ennemis : une terreur panique s'en empare. Saint-Marsan, Régis, Ansaldi, chefs révolutionnaires, fuient les premiers à toute bride. Le capitaine Lisi est le seul qui déploie du courage, et se défend avec valeur contre quatre cavaliers. Ses efforts pour rallier les soldats sont inutiles ; quelques coups de fusils partent encore, mais dès ce moment il n'y a plus d'armée constitutionnelle. A peine peut-on faire une centaine de prisonniers, le reste se sauve à travers les rizières. Jamais victoire ne fut plus décisive, quoique le nombre des tués ou blessés ne s'éleva pas au-delà de trente. L'armée royale ne perdit pas un soldat.

La route de Novare à Verceil était couverte d'armes et d'équipages. Les canons furent abandonnés, quoique la route, coupée de deux rivières, l'Agogne et la Sésia, offre les plus beaux points de défense. Le soir, les fuyards racontaient à Turin leur défaite, malgré les vingt lieues de distance, et jetaient parmi les révolutionnaires une salutaire terreur. Dès-lors plus de constitution, plus de junte provisoire. La maison de Savoie a reconquis son autorité. Les troupes de la citadelle de Turin l'abandonnent (1). Le lendemain, Casal ouvre ses portes aux Autrichiens. Le 10, Alexandrie leur livre

(1) Elles se firent livrer, avant leur départ, cent cinquante mille livres, et se les partagèrent.

sa citadelle. Le même jour, Gênes rejette sa constitution, et ses députés portent sa soumission aux pieds du Monarque. En trois jours, l'ouvrage de la perfidie et de la trahison est renversé ; il ne reste pas un ennemi à combattre. Les coupables fuient de toute parts. Les ports de Gênes sont leur direction principale ; et, malgré la mer orageuse, ils s'embarquent en foule sur des vaisseaux espagnols. La bonté du roi Victor-Emmanuel les y poursuit encore ; et, par son ordre, des sommes considérables leur sont distribuées.

Latour, indigné d'une victoire aussi facile, et poursuivant un ennemi qu'il ne pouvait atteindre, donna quelque repos à ses soldats harrassés. Le lendemain, il continua sa route avec les seules troupes piémontaises. Arrivé à Cigliano, il y reçut une députation de la ville de Turin, qui lui apportait les clefs de la citadelle ; et le 10 avril, à deux heures après-midi, l'avant-garde de ses troupes y fit son entrée, à la satisfaction de tout le peuple, qui voyait avec joie renaître au milieu de lui la paix, la tranquillité et le bonheur.

Telle fut la fin ridicule d'une révolution dont les vastes projets tendaient à bouleverser les gouvernemens de l'Europe ; elle ne fut point l'ouvrage du peuple, mais celui d'une secte. La secte, en agissant, a prouvé sa faiblesse, et vient de se porter un coup mortel. N'accusons point le courage de nos troupes, dont la valeur enfanta des prodiges sous les bannières de leurs Rois. La réputation des Piémontais, comme peuple guerrier, est faite en Europe, et la honte de leur défaite retombe toute entière sur le principe qui les dirigeait. Les peuples ont prouvé, en Piémont comme à Naples, leur indifférence pour les changemens qui se faisaient en leurs noms. L'Espagne, depuis les conquêtes de ses Rois sur les Mores, jusqu'aux dernières guerres qu'elle a soutenues, a montré l'héroïsme de ses habitans ; que trente mille alliés franchissent ses frontières, et nous verront bientôt que les *cortès* sont indignes de commander aux braves Espagnols.

Tout le Piémont se réjouit du retour de l'ordre et de la justice, et retrouve sous le gouvernement de son Roi le bonheur qui en avait été banni. Les troupes royales étaient à peine rentrées, que nous vîmes la confiance renaître, le commerce reprendre son activité ; les rues de la ville, auparavant désertes, fréquentées de nouveau. Métamorphose aussi prompte qu'elle fut remarquable. Pendant les 30 jours, Turin offrait le spectacle d'une ville affligée de quelque grande calamité ; les promenades étaient désertes, les voitures ne sortaient plus, les habitans avaient fait place à des agitateurs à figures sinistres : les cafés, vides de leurs habitués, n'entendaient plus que des déclamations incendiaires; et si les jours de la révolution n'eussent été abrégés, nous aurions vu de grands malheurs. Au bruit d'un tambour, d'un passage de soldats, les marchands, l'oreille au guet, fermaient leurs boutiques; et lorsque les étudians fédérés revinrent d'Alexandrie, en chapeaux ronds, en habits bourgeois et le fusil sur l'épaule, toutes les portes des maisons se fermèrent; accueil peu flatteur pour ces héros de la patrie!

L'on s'étonne avec raison de la lâcheté de nos chefs révolutionnaires qui ne demandaient qu'à combattre, et voulaient anéantir en Italie jusqu'au nom des Allemands. L'occasion se présente, et ils jettent leurs armes, tant il est vrai que le courage ne peut s'allier avec la trahison. Plusieurs d'entr'eux avaient donné des preuves de leur valeur en combattant sous des drapeaux légitimes. M. le chevalier de Colegne, en 1815, se distingua d'une manière éclatante à la prise de Grenoble; les canonniers de la batterie qu'il commandait ayant tous été tués, il en fit seul le service, et fut créé major sur le champ de bataille. Renfermé dernièrement dans la citadelle d'Alexandrie avec 180 pièces d'artillerie et des munitions pour un an, il ne vit de ressources pour lui que dans la fuite.

Le Roi de Sardaigne comptait quelques jeunes français dans son armée, qui allèrent tous rejoindre le camp de Novare, lorsque la cause de là légitimité réclama leurs services. Instruits par eux-mêmes, ou par leurs parens, des malheurs qu'entraîne une révolution, ils étaient prêts à verser leur sang pour éloigner de nous le fléau qui affligea si long-temps leur patrie. La France, qui conserva une si noble attitude au milieu des soulèvemens que le jacobinisme tenta d'exciter à Grenoble et à Lyon, ensuite de nos troubles, a prouvé que les peuples sont également las des révolutions. Nous avons vu que les agitateurs sont en petit nombre, et que les gouvernemens, pour comprimer leur audace, n'ont qu'à déployer de l'énergie et de la fermeté.

Qu'il me soit permis, à la fin de ce récit, de payer aux savoyards le tribut d'éloges qu'ils se sont mérités : Savoyard moi-même, les louanges que l'on rend partout à leur noble conduite retentissent au fond de mon cœur. On est glorieux de reconnaître une patrie, quand elle s'offre sous des titres si légitimes à l'admiration de l'univers! Entourée de séducteurs qui voulaient la corrompre, elle rejeta leurs conseils, et a conservé intact ce long et précieux héritage de fidélité que lui transmirent ses ancêtres! Elle sait que pendant huit siècles elle a dû son bonheur au gouvernement paternel des Princes de Savoie ; aussi elle attend de leur prévoyance seule les améliorations de son sort.

En 1816, la famine désola ses provinces, par

par suite des mesures fausses que prit le ministère pour son approvisionnement; mais le peuple, mourant de faim dans les campagnes, n'accusa jamais la bonté de son Roi. L'année suivante, le régiment de Savoie fut renvoyé de la garnison de Turin, pour cause d'une rixe de régiment à régiment, où il était loin d'avoir tous les torts. Les Savoyards s'éloignèrent avec soumission, sachant que l'obéissance est le premier des devoirs, et que la révolte enfante toujours les plus grands malheurs. Dans les trente jours de notre révolution, les officiers savoyards étaient partout où se trouvait l'autorité du Roi; les principaux emplois de l'armée royale leur étaient confiés, et ils disputent tous à leur patrie le mérite de la fidélité. (VI.)

Jadis la Savoie partageait avec le Piémont la résidence de ses Souverains. Ils parcouraient en pères ses provinces, et leur auguste présence était pour le peuple un nouveau germe de fidélité. Depuis le retour de Victor-Emmanuel, elle n'eût qu'une fois le bonheur de le posséder; mais elle compta toujours sur sa tendresse; et, soupirant après son retour, elle se glorifiait d'être son plus antique patrimoine.

Peuple trop peu connu, les Savoyards auront à l'avenir un nom dans l'histoire, et ce nom sera plus illustre que celui des réformes ou des conquêtes. La Savoie, renommée par ses glaces et ses rochers, le sera désormais par la fidélité de ses habitans. Heureuse si cette preuve de dévouement lui attire un regard favorable de son Monarque, et lui permet l'espérance de l'y revoir, comme autrefois, fixer de temps en temps son séjour ! Puisse mon vœu se réaliser ! Puisse l'auguste Monarque qui nous gouverne, entendre un jour, au milieu de la Savoie, les acclamations de bonheur de son peuple fidèle !

---

# PIÈCES JUSTIFICATIVES.

## N.° I.

CHARLES-ALBERT, PRINCE DE CARIGNAN.

L'urgence des circonstances dans lesquelles S. M. le roi Victor-Emmanuel nous a nommé Régent du royaume, quoique le droit d'y succéder ne nous appartînt pas, nous mettent à même de satisfaire, autant qu'il peut dépendre de nous, à ce que le salut du royaume exige évidemment aujourd'hui, et d'adhérer aux désirs exprimés avec une ardeur indicible.

Dans un moment aussi difficile, il ne nous a pas été possible de consulter les bornes ordinaires de l'autorité d'un Régent.

Notre respect, notre soumission à S. M. Charles-Félix, auquel est dévolu le trône, nous aurait engagé à n'apporter aucuns changemens aux lois fondamentales du royaume, et à attendre la volonté du nouveau Souverain.

Mais comme l'exigeance des circonstances est manifeste, et qu'il importe de rendre au nouveau Roi un peuple sain et sauf, et non pas déchiré par les factions ; ayant pesé toutes ces raisons, et de l'avis de notre Conseil, persuadé d'ailleurs que S. M. le Roi, mu par la même considération, revêtira cette délibération de son approbation souveraine ; nous avons résolu ce qui suit :

La constitution de l'Espagne sera promulguée et observée comme Loi de l'Etat, avec les modifications qui seront adoptées par la Représentation nationale, d'accord avec S. M. le Roi.

Turin, le 13 Mars 1821.

*DÉCLARATION du Corps de Ville, ainsi que des Généraux et Commandans de la garnison.*

Nous soussignés, interpelés par son A. R. le prince Régent, déclarons que les circonstances actuelles sont si graves, le péril si imminent, que nous pensons que pour le salut public, et par la nécessité des choses, il est indispensable de promulguer la constitution espagnole, avec les modifications que S. M. le Roi et la Représentation nationale jugeront convenables.

Turin, le 13 Mars 1821.

*Suivent les signatures.*

---

## N.° II.

*SERMENT du prince de Carignan, touchant les premières modifications de la junte à la Constitution.*

Moi, prince de Carignan, je jure à Dieu et sur les saints Evangiles, d'observer la Constitution politique espagnole, sauf les modifications suivantes, acceptées par la junte provisoire :

1.° Que l'ordre de la succession au trône demeurera tel qu'il se trouve établi par les anciennes lois et coutumes de ce royaume, et par les traités publics.

2.° Que j'observerai et ferai observer la religion catholique, apostolique et romaine, sans exclure cependant l'exercice des autres cultes tolérés jusqu'à ce jour.

Je jure en outre d'être fidèle au roi Charles-Félix; ainsi Dieu me soit en aide.

CHARLES-ALBERT.

---

## N.° III.

NOUS CHARLES-FÉLIX, DUC DE GENEVOIS, etc.

Déclarons, par la présente, qu'en vertu de l'acte d'abdication du roi Victor-Emmanuel notre frère bien-aimé, qu'il nous a communiqué, nous avons pris l'exercice de toute l'autorité et de tout le pouvoir royal, mais que nous différons de prendre le titre de Roi, jusqu'à ce que le Roi, notre frère bien-aimé, placé dans une situation parfaitement libre, nous fasse connaître que telle est sa volonté.

Déclarons en outre que, bien loin de consentir à quelqu'innovation que ce soit dans la forme du gouvernement existant à ladite abdication du Roi notre bien-aimé frère, nous regarderons toujours comme rebelles tous ceux des sujets de S. M., qui seraient unis ou s'uniraient aux séditieux, ou qui se permettraient soit de proclamer une constitution, soit de faire quelqu'autre changement contraire à la plénitude de l'autorité royale; déclarons nul tout autre acte de compétence souveraine, qui pourrait avoir été fait, ou être fait depuis ladite abdication du Roi notre bien-aimé frère, et qui n'émanerait pas de nous, ou que nous n'aurions pas sanctionné.

En même temps, nous invitons tous les sujets du

Roi, soit qu'ils appartiennent à l'armée, ou à toute autre classe, et qui sont restés fidèles, à persévérer dans leurs sentimens, et à résister avec énergie au petit nombre de rebelles, en se tenant prêts à obéir à tous nos ordres, et à tout appel pour rétablir l'ordre légitime, tandis que nous mettrons tout en œuvres pour les secourir le plus promptement possible.

Plein de confiance dans la grâce et l'assistance de Dieu qui protégea toujours la cause de la justice, et persuadé que nos augustes Alliés sont disposés à venir promptement à notre secours, nous espérons être bientôt en mesure de rétablir l'ordre et la tranquillité, et de récompenser ceux qui, dans les circonstances présentes, auront particulièrement mérité notre reconnaissance.

Nous notifions par la présente à tous les sujets du Roi notre volonté comme règle de conduite.

Modène, le 16 Mars 1821.

CHARLES-FÉLIX.

---

## N.° IV.

### *MANIFESTE du Sénat de Savone.*

Dans la crise où s'est trouvé l'Etat, le Sénat est resté fidèle à son poste. Le serment sacré qui le lie à son Roi légitime et aux lois qui en sont émanées, lui a fait un devoir de ne pas abandonner l'exercice de la justice dont la suspension aurait été une nouvelle calamité.

Il a cru devoir attendre que la volonté de son Monarque parvînt jusqu'à lui. Informé actuellement d'une manière officielle, que le Prince, appelé par son rang à gouverner l'Etat, son Altesse royale le prince Charles-Félix, a protesté hautement contre tous les actes de violence que quelques individus égarés se sont permis, et veut que tout rentre dans son état primitif, le 1.er corps de magistrature ne saurait garder le silence.

Dans les sentimens de respect et d'amour qu'il éprouve pour l'auguste dynastie de ses Rois, et les vœux qu'il forme pour la tranquillité et le bonheur des habitans de ce duché, le sénat, sans entrer dans le détail des vertus héroïques de l'auguste maison de Savoie, et des bienfaits sans nombre dont elle a constamment comblé ses sujets, croit devoir inviter les habitans de ce duché à rester dans cette inébranlable fidélité dont ils ont constamment donné l'exemple, et à se garantir des suggestions perfides de quelques novateurs, dont le désordre est l'élément, et qui, sous le masque hypocrite du bien public, ne cherchent dans les tourmentes révolutionnaires que des moyens propres à satisfaire leur ambition ou leur cupidité.

Le Sénat invite en même temps tous les fonctionnaires de l'ordre judiciaire à rester dans ce calme qui fait l'apanage du magistrat, et sans lequel la société est bientôt bouleversée : sentinelles avancées du bon ordre, ils doivent s'armer de la force des lois contre les individus qui tendroient à le troubler ; ils doivent comprimer les factieux, et être les premiers à donner l'exemple de l'obéissance. L'honneur leur en fait un devoir, et le meilleur comme le plus sage des Princes le leur commande.

Chambéry, le 26 Mars 1821.

## *Lettre du Duc de Genevois au Gouverneur de la Savoie.*

Mon cher d'Andezeno,

Je viens de recevoir votre lettre en date du 26, que le comte Grimaldi m'a remise de votre part. Vous pouvez croire quelle fut ma consolation en apprenant que le berceau de ma famille conservait toujours sa fidélité pure et intacte au milieu des orages qui l'environnaient de toutes parts. Les vifs et sincères sentimens de ces fidèles sujets m'ont pénétré le cœur de la plus parfaite reconnaissance. Que Dieu veuille leur accorder toutes ses bénédictions ! c'est du fond de mon cœur que je les implore pour eux ! Quant à vous, votre conduite a été parfaite, et je ne doute pas qu'elle ne le soit jusqu'à la fin. Assurez ces bons sujets qu'ils n'ont qu'a persévérer dans leurs sentimens, *et je leur donne ma parole d'honneur qu'ils n'auront jamais à craindre d'être gardés par aucune force étrangère, puisqu'ils savent si bien se gouverner eux-mêmes.* Je vous expédie tout de suite votre neveu, afin que vous puissiez les prévenir que tout ce qu'on pourrait leur dire de contraire, n'est fabriqué que pour les séduire ou les tromper.

Adieu, mon cher d'Andezeno, c'est avec la plus parfaite amitié que je me dis,

Charles-Félix.

Modène, le 31 mars.

P. S. Je vous prie de manifester au Sénat de Savoie ma parfaite satisfaction sur sa digne conduite, me réservant de la lui témoigner par écrit le plutôt possible.

## N.° V.

NOUS CHARLES-FÉLIX, DUC DE GENEVOIS, etc.

Pour enlever à qui que ce soit tout prétexte d'ignorance de notre volonté, et de la manière dont nous considérons la rébellion arrivée en Piémont et dans le duché de Gênes, et pour démentir les fausses interprétations de nos intentions, lesquelles ont existé jusqu'à présent, nous ordonnons qu'il soit publié ce qui suit :

1.° Nous déclarons rebelles tous ceux de nos royaux sujets, lesquels, de quelque manière que ce soit, oseraient se révolter contre S. M. Victor-Emmanuel, ou qui tenteraient de changer la forme du gouvernement depuis son abdication ; et également quiconque, après avoir eu connaissance de notre proclamation, datée de Modène, du 16 mars 1821, a persisté dans le parti des révoltés ;

2.° Voulant néanmoins user de clémence envers ceux que nous croyons avoir été trompés, nous accordons une amnistie à tous les soldats qui rentreront dans leur devoir, et les sous-officiers desdits corps n'obtiendront de nous leur pardon, qu'après s'être pleinement justifiés. Mais les officiers, de quelque grade que ce soit, lesquels ayant été sourds à la voix de l'honneur, ont pris part à la première rébellion des troupes, et ont suivi l'étendard des révoltés, sont déclarés, par la présente, félons, et nous accorderons des récompenses pécuniaires à ceux qui les feront prisonniers, et les consigneront à l'armée fidèle sous les ordres du général Latour ;

3.° Nous ordonnons à tous les sous-officiers et soldats qui se trouvent à l'armée rebelle à Alexandrie, ou dans la citadelle de Turin, de retourner dans leurs foyers, et nous ordonnons aux contingens de ne pas obéir à quelque ordre que ce soit des rebelles ;

4.° Nous déclarons, qu'en nous conformant aux décrets de la divine Providence, en nous chargeant du poids de l'autorité royale, nous reconnaissons que notre premier devoir est de séparer enfin le peu d'individus rebelles et séditieux de la grande partie de nos sujets fidèles ; et qu'en cela consiste le plus grand bienfait qu'attendent de nous nos fidèles sujets royaux ; ce qui est le seul moyen de leur donner cette félicité et cette tranquillité de laquelle ils ne pourraient jamais jouir tant qu'ils seront mêlés parmi eux ;

5.° Nous déclarons en attendant, que pour parvenir à cet heureux résultat, méprisant toute espèce de traité avec les félons, nous jugeons nécessaire que la partie de l'armée royale qui est restée fidèle, soit aidée par nos augustes Alliés, pour la réoccupation des pays révoltés ; et, pour cet effet, nous leur avons demandé leur secours dont nous avons été assuré, avec la seule généreuse condition de nous aider dans le rétablissement légitime, partout où la sédition a osé se montrer. En conséquence, nous ordonnons que chaque bon citoyen considère les troupes autrichiennes comme amies et alliées ;

6.° Le premier devoir de chaque citoyen fidèle, étant de se soumettre de bon cœur à l'autorité de celui qui en a été investi par la souveraine Providence qui connaît les moyens les plus propres à assurer le bonheur des peuples, nous ne pourrions considérer comme bon citoyen celui qui se permettrait seulement de murmurer contre les mesures que nous jugeons nécessaires.

Notre soin paternel sera de prendre en considération les bons et fidèles royaux sujets, afin qu'ils souffrent le moins possible des charges inévitables qu'entraînent les circonstances et les mesures prises pour le rétablissement de l'ordre, et que ces charges pèsent principalement sur les félons qui sont les seuls auteurs de tous les maux de l'Etat ;

7.° En faisant connaître notre volonté à nos sujets, nous leur déclarons que leur parfaite soumission à nos ordres est le seul moyen de nous engager à rentrer parmi eux; et, en attendant, nous prions Dieu qu'il les éclaire, afin qu'ils embrassent le parti auquel les appellent également l'honneur, le devoir, et notre sainte Religion.

Modène, le 3 avril 1821.

CHARLES-FÉLIX.

---

## N.° VI.

*VOICI les noms des principaux Officiers Savoyards qui, pendant les trente jours, défendirent la cause de la légitimité.*

De Latour, général en chef de l'armée de Novare ; de Maistre, son chef d'état-major ; de Faverges, général, colonel du régiment de Piémont ; de Monthou, général de l'état-major de l'armée ; de Varax, général, gouverneur d'Alexandrie, qui se retira en Savoie, après la rébellion de la citadelle ; Doncieu, général de la division de Savoie ; de Blonay, colonel de cavalerie, commandant de la ville de Novare ; de Faverges, major dans l'état-major-général ; de la Flechères, major du régiment de Savoie, qui soutint le régiment contre les entreprises séditieuses du colonel Régis et du lieutenant Ansaldi ; de Sonnax, major des chevaux-légers de Piémont, qui amena son régiment à Novare en dépit de son colonel, etc., etc.

www.ingramcontent.com/pod-product-compliance
Ingram Content Group UK Ltd.
Pitfield, Milton Keynes, MK11 3LW, UK
UKHW022138190726
13855UKWH00003B/1219

9 782013 060479